JN069357

西武鉄道
1980～2000年代の記録

解説　山内ひろき

南入曽車両管理所に並んだ車両たち。左から順に1411系、701系、601系、101系試作冷房車、101系冷房車だ。本書では、このくらいの時期から現在までの西武鉄道の路線や車両などをご紹介していく。
◎南入曽車両管理所　1977（昭和52）年3月6日　撮影：諸河 久

.....Contents

森の中を秩父へひた走る特急ちちぶ。2019年に運行を開始した001系は
西武鉄道のフラッグシップトレインとして活躍している。
◎2019（令和元）年11月4日

3章 譲渡車両編

1章

沿線編

新秋津授受線で並ぶEF65形
1118号機とE31形。甲種輸送さ
れてきた車両はここでJRから
西武鉄道へと引き継がれる。所
沢～新秋津連絡線ができた1976
年以降、西武所沢工場製以外の
車両はここから西武鉄道に入線
してきた。
◎新秋津
2008（平成20）年3月25日
撮影：佐藤次生

池袋線

池袋駅と吾野駅の57.8kmを結ぶ池袋線。西武鉄道の前身の一つである武蔵野鉄道が1915年に池袋〜飯能を開業させた
のがはじまりで、1929年には吾野まで全通している。また新宿線と共に西武鉄道の２大路線の一つで、地下鉄との直通
運転や高架複々線化などがなされ、様々な車両が走行している。◎元加治〜仏子　2019（平成31）年４月４日

池袋線の起点となる池袋駅は1915年に武蔵野鉄道の駅として開業。東口は西武で、西口は東武として有名な西武鉄道最大のターミナル駅。駅は西武百貨店池袋店の中に設けられ、ホームは櫛状の頭端式4面4線。時代によってホームの長さや線路配線など度々改良されており、秋津の連絡線ができるまでは国鉄との貨物継走をおこなっていた。
◎池袋　2023（令和5）年6月3日

特急ホームは一番JR側に設置されている。このホームは他のホームより特に長く2分割され飯能方は一般車両の7番線ホームとなっている。そのためホーム中央に場内信号機と出発信号機があり、縦列停車をして使用している。特急8両化の際には信号機の設置位置の変更などがおこなわれ、縦列停車時の一般車両はこれまでの10両から8両に変更された。かつてはこのホームの途中から国鉄への連絡線が延びていた。◎池袋　2023（令和5）年4月14日

池袋駅の飯能方には2本の留置線があり、車両整備や停泊に使われている。池袋駅の構内分岐器付近の線路直上には2019年にダイヤゲート池袋というオフィスビルが建てられ、上層階には西武ホールディングスなどのグループ企業の本社が置かれている。また次の椎名町との間では山手線をオーバークロスしており、池袋駅を発車した列車は急カーブで約90度曲がり越えていく。◎池袋　2023（令和5）年5月9日

桜台駅手前で高架線に上がるまで、池袋線はしばらく住宅街を縫うように走っていく。写真奥に見える江古田駅は1958年に池袋線初の急行退避駅として2面4線化されたが、2008年に退避設備が東長崎に変更され相対式2面2線となった。また椎名町～桜台の各駅は10両編成に対応したホーム有効長が確保されている。
◎江古田～東長崎　2023（令和5）年4月29日

練馬駅は2面4線のホームを抱えるように両外側に通過線が設けられた高架駅。西武有楽町線と豊島線が分岐している。池袋発着の急行や快速急行は当駅を通過するが、西武有楽町線を経由する列車は保安装置の切替などもあり、快速急行でも当駅に停車し、池袋発着の列車と接続している。◎練馬　2014（平成26）年7月21日

駅を挟むようにして西武有楽町線と豊島線が分岐しており、いずれも本線を支障しないよう配線がなされている。2面4線のうち外側のホームは西武有楽町線の列車のみの発着で、内側2線が池袋発着及び豊島線となっている。配線の構造上、西武有楽町線と豊島線相互の直通運転はできない。◎練馬　2015（平成27）年9月21日

池袋線の練馬～石神井公園間は高架複々線となっており、有楽町線・西武有楽町線を合わせると池袋までの複々線化されていることになる。この工事は江古田～大泉学園間の高架化工事と合わせて行われたもので、1984年に最初の区間が着工し、2015年に最後の区間が完成するまでにおよそ30年近くかかって完成した。
◎富士見台～中村橋　2012（平成24）年5月23日　撮影：近藤倫史

高架区間のうち練馬～中村橋間では目白通りと交差しているが、池袋線が地平を走っていた時は線路をオーバーパスする陸橋があった。これを高架化の際に一晩で目白通りと池袋線の位置を逆転させる"逆立体切替"が2001年3月に行われた。このような大工事を経て完成した複々線によって地下鉄直通列車と池袋発着列車が干渉することなくスムーズな運行ができている。◎富士見台～中村橋　2019（平成31）年3月23日

触れるな!!

池袋線線増連続立体交差事業は江古田〜大泉学園間の7.6kmで行われ、最初に着工されたのは笹目通りと交差する富士見台〜石神井公園間のうち1.0kmの工事であった。この区間では既存の線路の南側に複線高架橋を建設し、立体化した後に線増部の高架橋を建設した。1984年に着工し、1987年に高架化され1994年には複々線化と請願駅である練馬高野台

駅が新駅として開業した。写真は石神井川付近から現在の練馬高野台駅を眺めた構図となっている。
◎富士見台〜石神井公園　1990（平成2）年4月8日　撮影：諸河 久

駅の近くに都立石神井公園があることからこの名称がついた石神井公園駅。地平時代は新宿線でよくみられる中線を島式ホームで挟んだ2面3線構造となっていた。また1970年代後半までは貨物扱いがあり、山側には貨物側線が敷かれていた。また写真奥に見える踏切は開かずの踏切であったため、高架化工事が行われた。
◎石神井公園　1977（昭和52）年3月12日　撮影：諸河 久

石神井公園駅付近の高架化工事は桜台〜練馬の高架化と練馬〜練馬高野台間の高架複々線工事が完成した後の2007年に着工された。この際に山側に高架橋を構築し、上り線から順次高架化されていった。2015年の練馬高野台〜大泉学園間の高架化完成により江古田〜大泉学園間で通算28箇所の踏切が除去され、練馬〜石神井公園間が複々線化された。
◎石神井公園　2010（平成22）年1月17日

有楽町線からはじまった池袋線との相互直通運転であるが、2008年からは副都心線との相互直通運転も開始され、池袋線は2つの地下鉄路線と繋がることとなった。写真は保谷～ひばりヶ丘間にある昔から有名な撮影地。赤電や黄色を纏った車両が行き来していたこのポイントを今はステンレスとアルミの車両が行き来している。
◎保谷～ひばりヶ丘　2007（平成19）年10月7日

東久留米～清瀬間では荒川水系の黒目川を渡る。池袋線には東長崎、東久留米、東飯能、東吾野の4つの"東"がつく駅がある。東飯能と東吾野はそれぞれ飯能と吾野の東側にある駅であるが、東長崎と東久留米は九州の長崎駅と久留米駅との混同を避けるために付けられた。また東久留米駅のある東久留米市は久留米町からの市制移行時に久留米市との混同を避けるのと駅名が親しまれているためこの名称になったようだ。◎東久留米～清瀬　2021（令和3）年12月4日

清瀬駅は島式２面４線のホームと飯能方に10両編成対応の引上線が１本設置されている。1998年から始まった有楽町線との相互直通運転開始時は地下鉄発着の各駅停車のほとんどは当駅で折り返されていたが、東急東横線との直通運転がはじまってからは激減している。◎清瀬　2020（令和２）年５月13日

1998年３月26日にようやく池袋線と有楽町線との相互直通運転が開始され、営団地下鉄7000系が池袋線を走行するようになった。初期の直通運転は各停主体で新木場や新線池袋〜練馬高野台・清瀬・小手指が多く、これに新木場〜飯能の準急が走る運転パターンであった。◎所沢〜秋津　1999（平成11）年３月２日　撮影：諸河久フォト・オフィス

武蔵野線新秋津駅構内の新鶴見方には西武鉄道とJRの授受線が設置されている。この授受線は1976年の武蔵野線新鶴見操車場〜府中本町開業時に設置され、所沢駅への連絡線も設置されている。また連絡線の途中に会社境界があり、この部分はJR東日本の所有する線路となっている。1996年に貨物輸送がなくなったが、現在でも多摩川線車両の入替や検査入出場、新造車などの甲種輸送で使われている。◎新秋津　2009（平成21）年7月31日　撮影：近藤倫史

所沢から武蔵野線新秋津駅へ延びる連絡線は1976年3月に開業。それまで西武鉄道の貨物列車は山手線池袋駅と中央本線国分寺駅で国鉄との貨車継走を行っていたが、これにより両駅での継走は廃止され、新秋津に統一された。この連絡線は所沢駅からしばらくは池袋線と並走するように敷かれており、この区間では3線となっている。かつては電気機関車が使われていたが、E31形が廃止された後は新101系のオールM車編成で牽引がおこなわれている。
◎所沢〜新秋津　2019（令和元）年10月19日

所沢駅は川越鉄道が開業した駅で、池袋線の前身となる武蔵野鉄道はその駅に接続すべく線路を敷設した。そのため池袋線は所沢駅前後に大きなカーブがあり、向きを大きく変えて駅へとアプローチする。写真背後に見えるマンション群が所沢駅付近で、秋津方面に線路が大きく曲がっていくのがわかる。◎所沢〜秋津

西武鉄道の2大路線である池袋線と新宿線が乗り入れる所沢駅。最初に開業したのは新宿線側で、1895年に川越鉄道の駅として開設された。その後、1915年に武蔵野鉄道が乗り入れるようになると共同使用駅となったが、競合する都心方面の乗客の熾烈な争奪合戦があったという。後からできたため、池袋線は飯能方で新宿線を立体交差して跨いでいく。
◎所沢　2013（平成25）年10月31日

ライバル関係にあった旧西武鉄道と武蔵野鉄道が合併すると両線の乗換駅として発展した所沢駅は西武鉄道の本社などが置かれ同社の中核駅として発展した。駅の南側には踏切があり、かつてはこの踏切付近から昭和後期頃に新造された同社の大半の車両を製造していた西武鉄道所沢車両工場への引き込み線が延びていた。◎所沢　2023（令和5）年11月19日

狭山線との分岐駅である西所沢駅は相対式ホーム2面2線と島式1面2線が合わせた構造で、池袋線が2線、狭山線が2線なっている。また狭山線は主に2番線を使用して運用されており、池袋方には狭山線の引上線が設置されている。また狭山線から池袋線への上り直通列車は平面交差をして下り本線を横断する必要がある。
◎西所沢　2021（令和3）年7月31日

1966年に池袋線輸送力増強のため西所沢～狭山ヶ丘間に小手指検車区が開設された際に小手指信号所が設置され、1970年11月に駅へ昇格し小手指駅となった。周辺では各地開発が進み無料優等列車は全て停車する駅となっている他、小手指車両基地があるため終始発も多く設定されている。◎小手指

1966年に開設された小手指車両基地は、池袋線の輸送力増強と共に車両基地全体が飯能方に延伸されていった。その結果、10両編成が3本縦列で収容できる600ｍ～700ｍほどの留置線がある細長い車両基地となり、356両の車両が収容可能となっている。◎小手指車両基地　2018（平成30）年7月14日

西武秩父線開業時に池袋～西武秩父で運転が開始された特急「ちちぶ」。西武鉄道を代表する特急で、かつては10両編成で運転されたこともある。また1973年までは深夜帯に同じ区間を走行する特急「こぶし」が運転されていた。1994年10月15日より10000系の運転を開始され、2019年3月16日からは001系での運転がなされている。
◎吾野～東吾野　2020（令和2）年2月9日

1973年11月に池袋～飯能の特急として登場した特急「むさし」。西武秩父まで行かない特急で、主に沿線の通勤通学などの日常使いの特急としての役割が強い。1976年からは特急「おくちちぶ」の運転が開始により、その送り込み、戻し列車として所沢～西武新宿でも休日に1往復運転された。◎秋津～所沢　2020（令和2）年3月1日

上流側に武蔵野鉄道時に建設された煉瓦積みの橋梁と橋桁が残る入間川橋梁は、1969年の仏子〜笠縫信号場の複線化時に現在の橋梁に架け替えられた。現在の橋梁は全長169.9mで、西武鉄道は多摩川や荒川といった大河を渡らないため、同社では最長の橋梁となっている。◎仏子〜元加治　2017（平成29）年10月11日

今は宅地になってしまった武蔵野の雑木林の間を抜けると池袋線の両側には航空自衛隊入間基地が広がる。毎年、入間基地航空祭になると稲荷山公園駅ホームの池袋方にはフェンスを撤去して臨時改札ができるほどの大混雑となる。また駅の南側には基地内のみを結ぶ踏切も設置されている。この入間基地の東側境界には新宿線が敷かれている。
◎稲荷山公園〜武蔵藤沢　1990（平成2）年4月25日　撮影：諸河 久

戦後、複線化を進めていた池袋線は1969年に仏子から飯能方面の複線化をおこなった。しかし、飯能駅手前にある八高線とのアンダークロス部分が単線分しか確保されておらず、ここに複線から単線へ切り替える笠縫信号場が設置された。その後、この付近の八高線が高架化されたため1988年に飯能方へ複線区間を延伸した。なお仏子〜飯能が完全に複線化されたのは用地買収の難航などにより2001年のことであった。◎飯能〜元加治　2015（平成27）年4月30日

1915年に武蔵野鉄道の終始初駅として開業。1929年に吾野まで開業した際、当駅はスイッチバック構造となった。そのため構内終端側には主に貨物列車など機関車の機回し用の線路があり、途中には久下稲荷踏切が設置されていたが、貨物列車廃止後の1998年2月に廃止された。写真はその踏切跡から見た飯能駅だ。◎飯能　2020（令和2）年2月1日

スイッチバック駅である当駅は、全ての列車が折り返す必要があり、特に貨物列車は機回しなど手間であった。そのため、このスイッチバックを避けるために旧笠縫信号場から東飯能駅にかけて短絡線を建設する検討がなされ、用地確保までされているが実現はしていない。◎飯能　2015（平成27）年4月2日

西武鉄道では1996年に廃止するまで貨物輸送が行われており、国鉄などとも貨車継送を行っていた。主に運んでいたのは秩父方面からのセメントや石灰石、入間基地へのジェット燃料輸送、沿線向けに重油や小麦粉、飼料、紙など多岐に渡っていた。◎西所沢　1974（昭和49）年5月3日　撮影：諸河 久

八高線との連絡駅である東飯能駅。吾野延伸後の1931年に八高南線の八王子〜東飯能間の開業と同時に開業した。西武鉄道側はホームが1面1線で側線なども特にないが、JR側は島式1面2線で、かつては側線もあり貨物扱いもしていた。◎東飯能　2018（平成30）年9月23日

武蔵丘車両基地の前身となる留置線開設時に設置された武蔵丘信号場。基地への分岐の他に、上下列車の行き違いや乗務員交代などでも使われる。また東飯能駅から500mほど離れた北飯能信号場から当信号場までの1.5km区間は1996年に複線化されている。◎武蔵丘信号場　2021（令和３）年

1988年に電留線として開設され、2000年に保谷車両管理所を移管する形で武蔵丘車両管理所（現・武蔵丘車両基地）が開設された。収容両数164両で、東京メトロや東急電鉄の車両も夜間留置される。また2000年に所沢車両工場を移管する形で開設された武蔵丘車両検修場も併設されており、西武鉄道全車両はここで全般検査等を受ける。
◎武蔵丘車両基地　2018（平成30）年７月15日

武蔵丘信号場を過ぎると高麗川の谷間を縫うように走るようになり、本格的な山岳路線へと変化する。吾野までの池袋線は戦前に建設されたため、西武秩父線と比べるとカーブが非常に多い。写真は里山の裾を抜ける列車といった趣だが、背後には高麗駅南側一体に造成された「こま武蔵台ニュータウン」がある。◎武蔵横手〜高麗　2021（令和3）年4月6日

島式1面2線のホームのある高麗駅。カーブした構内には側線があり、西武鉄道の貨物営業が終了するまで、東横瀬駅からの貨物列車が当駅で荷扱をしていた。写真右奥に見えるセメントサイロがそれである。
◎高麗　2022（令和4）年4月26日

吾野鉱業所から出荷される石灰石輸送のため、1929年に武蔵野鉄道の飯能からの延伸で開業した吾野。1978年まで当駅で貨物扱いがあり、構内の外れには貨車へのポッパーが残っている。また当駅までが池袋線で、西武秩父線開業まで長らく終着駅として秩父方面のバスとの連絡駅でもあった。そのため構内には池袋線最後のキロポストと西武秩父線の0kmポストが設置されている。◎吾野　2020（令和2）年2月9日

西武秩父線

吾野～西武秩父19.0kmを結ぶ西武秩父線は1967年に着工、工事は順調に進み予定より2ヶ月ほど早い1969年10月14日に開業した。都心へ向かうためには3時間ほどかけて秩父鉄道で寄居や熊谷へ出て東上線か高崎線で向かうルートしかなかった秩父。開業により池袋～西武秩父は最速83分で結ばれるようになった。
◎芦ヶ久保～横瀬　2021（令和3）年11月7日

西武秩父線は全線単線で、トンネル16箇所、橋梁・架道橋・高架橋35箇所、最急勾配25‰、最急曲線Ｒ254m。更にＲ300m
のカーブが連続する線形で建設された。西武鉄道初の本格的な山岳路線であるため、抑速ブレーキなどを搭載した101系、
5000系、Ｅ851形が開業に向けて製造された。◎芦ヶ久保〜東横瀬　1990（平成２）年４月１日　撮影：諸河 久

都心から近く初心者から上級者まで楽しめる登山道やハイキングコースがあることからハイカーの利用が非常に多い。また西武秩父線の各駅は貨物列車と旅客電車が同時に交換できるように3列車同時交換ができる線路配線になっていたが、貨物列車廃止後にホームのない線路は剥がされた。◎西吾野　2021（令和3）年

正丸～芦ヶ久保には西武秩父線最長の正丸トンネルがある。全長4811mで、開業当時は私鉄最長トンネルであった。1967年7月に起工され、1969年1月29日に貫通し、同年5月31日に竣工した。トンネル内には列車交換設備として正丸トンネル信号場がある。また当時はまだ国道299号の正丸トンネルが建設されてなく、正丸峠を抜ける最初のトンネルとなった。◎正丸トンネル信号場～正丸　2023（令和5）年11月19日

西武秩父線はセメントや砂利輸送を見込んで建設され、その重量貨物列車牽引用として製造されたE851形。東横瀬駅からの三菱鉱業セメントが所有するタキ1900形で組成されたセメント貨物列車をE851形電気機関車が牽引する。
◎芦ヶ久保～東横瀬　1990（平成２）年３月31日　撮影：諸河 久

主に甲種輸送や工事臨時列車で使われるE31形。写真では1929年に100両近く製造された西武鉄道の無蓋貨車であるトム301形を牽引しているが、E851形の代走としてタキ1900形などの貨物列車を牽引することもあった。
◎正丸トンネル信号場～芦ヶ久保　1990（平成２）年４月２日　撮影：諸河 久

秩父の象徴とも言える武甲山。日本の高度経済成長期を支えたこの山の石灰石がなかったら西武秩父線は開業していなかったことだろう。横瀬駅から芦ヶ久保駅まで上り列車は25‰勾配を登るためセメント満載で1000 t 近い列車だけはこの区間だけE851形が重連で牽引していた。今は電車のみが軽快に走っていく。
◎横瀬〜芦ヶ久保　2016（平成28）年5月1日

芦ヶ久保駅近くの線路沿いには2014年から例年1月〜2月頃になると山の傾斜を利用して沢水を撒いて作った氷柱「あしがくぼの氷柱」が行われている。夜にはライトアップもされる。期間中は列車の減速運転なども行われ車内からも見ることができる。◎芦ヶ久保〜横瀬　2018（平成30）年1月18日

2007年に吾野変電所、正丸変電所に回生ブレーキの電気を吸収し、回生失効を抑える回生電力蓄積装置が設置された。これにより西武秩父線にも回生ブレーキ搭載車が入線できるようになった。そのため写真のような回生ブレーキ、VVVFインバータ制御車も入線できるようになり、足回りが101系ベースの抵抗制御、発電ブレーキ装備車独占状態が変わっていくこととなった。◎芦ヶ久保〜横瀬　2021（令和3）年11月14日

横瀬駅は島式1面2線の駅で特急停車駅。構内には留置線や保存車が多く留置される横瀬車両基地が設置されている。元々は機関車や貨車の基地であった。またかつては当駅付近にある三菱セメント横瀬工場付近に貨物駅の東横瀬駅があり、西武秩父線のセメント貨物はここから発送されていた。◎横瀬　2023（令和5）年1月1日

羊山公園にある羊山トンネルを抜けると秩父盆地に抜け、築堤と高架橋で大きなカーブを描きながら西武秩父駅へ至る。当路線の開業により秩父市と都心のアクセスが飛躍的に向上した。◎横瀬～西武秩父　2016（平成28）年4月30日

横瀬駅を出ると西武秩父線は羊山公園の裾野に沿って大きなＳ字を描くようにして西武秩父駅へ向かう。この羊山公園は桜の名所として知られ、春には約1000本もの桜の花が咲き誇る。また約40万株にも及ぶ芝桜は特に有名で、車両増結や臨時列車が運転されるほどである。◎西武秩父〜横瀬　2016（平成28）年４月11日

秩父鉄道との直通運転も意識して現在の位置に設置された西武秩父駅だったが、直通運転は1989年4月1日と開業から20年越しのことであった。秩父鉄道秩父線の御花畑〜影森に西武秩父駅構内から上下線へ延びる形で設置され、西武秩父線から御花畑駅へ向かう列車は西武秩父駅には停車しないが、影森方向の列車は当駅で方向を変えていく。かつては直通用としてリゾート特急車7000系の計画もあった。◎横瀬〜西武秩父　2019（令和元）年5月1日

秩父鉄道乗り入れ用として製造された4000系。秩父鉄道への直通列車は4両編成2本を併結した8両編成で運転され、西武秩父駅の構造の問題から途中の横瀬駅で三峰口行きと野上行きに分割していた。長らく池袋発着が運転されてきた秩父鉄道乗り入れ運用であったが、2020年のダイヤ改正で飯能発着に短縮された。
◎所沢〜西所沢　1990（平成2）年4月30日　撮影：諸河 久

秩父鉄道への乗り入れは4000系以外にも乗り入れ改造工事を受けた新101系でも行われ、三峰口や寄居まで入線した。新101系での乗り入れは2003年頃まで続けられた。また、横瀬分割時の誤乗防止のため西武秩父方の4両は吊り革が茶色に塗られていた。写真は皆野駅で新101系と並ぶ黄色で塗られた秩父鉄道の500系。
◎秩父鉄道秩父本線 皆野　1990（平成2）年4月1日　撮影：諸河 久

西武秩父線終点の西武秩父駅の駅舎は三角屋根が特徴的だ。当初は貨物輸送を主体として目論んでいた西武秩父線だが、想定より貨物需要が少なくなる見込みから、観光要素を取り入れ、山岳鉄道であることから、駅舎はスイス風を意識して建設された。ホームは相対式と島式を合わせた2面3線で、開業時は島式ホームのみであった。駅舎に面している相対式ホームは特急専用ホームとなっており、001系の営業開始に際して8両化対応工事が行われている。
◎西武秩父　2020（令和2）年11月13日

2017年3月から運行が開始された「S-TRAIN」は特急とは別の有料座席指定列車で、西武鉄道初のデュアルシート車である40000系が使用される。平日は小手指・所沢〜有楽町線豊洲の運転。土休日は西武秩父・飯能・所沢〜副都心線、東急東横線を経由して元町・中華街までの運行となり、東京メトロや東急線内まで乗り入れる。10両編成のためホームが8両編成分しかない特急停車駅の横瀬駅は通過となる。◎西武秩父　2022（令和4）年11月26日

豊島線

池袋線練馬駅から2020年まであった"としまえん"の最寄駅である豊島園駅を結ぶ1.0kmの豊島線。全線単線で西武鉄道で最も短い路線だが1927年に武蔵野鉄道によって建設された路線だ。現在はほぼ全列車が池袋線との直通運転を行っているが、かつて練馬駅高架化工事を行なっていた10年間ほどは線内折り返し運転がおこなわれていた。
◎豊島園～練馬　1995（平成7）年10月15日　撮影：諸河久フォト・オフィス

線内唯一の駅であり、終点の豊島園駅は島式の1面2線。かつては頭端式の2面3線ホームであったが、8両編成に対応させるため真ん中の線路が埋められた。ホーム屋根にかつての名残を見ることができる。
◎豊島園　2022（令和4）年7月15日

西武有楽町線

東京地下鉄有楽町線の小竹向原から池袋線の練馬までの2.6kmを結ぶ西武有楽町線。営団有楽町線と西武池袋線直通運転のために建設された当線は計画では営団有楽町線の池袋〜営団成増開業と同時に開業予定であった。しかし練馬駅付近の工事が遅れ、1994年の全通までは当初計画のなかった途中駅の新桜台駅での折り返し運転が行われていた。
◎小竹向原　1994（平成6）年12月7日　撮影：諸河久フォト・オフィス

新桜台駅までの西武有楽町線のトンネルは有楽町線の営団区間と同じ中柱のある開削箱型構造で建設された。また駅の小竹向原方には折り返しのためシーサスクロッシングが設置されていたが、2000年代に撤去されている。当初、西武鉄道は保安装置をATSで考えていたが練馬までの建設が遅れたことで、保安装置が車内信号付ATC、列車無線は誘導無線となり営団と同じものを採用した。◎小竹向原〜新桜台　2023（令和5）年11月19日

新桜台駅は1983年に先行して開業し、1994年の練馬までの全線開業まで終始発駅となっていた。そのため西武鉄道の駅であるが、営団の車両しか来なく、営団の駅に行くことしかできない変わった駅だった。また駅の内装はゴールドのラインカラー帯が壁に貼られた営団仕様であったため、完全な西武鉄道の駅であるが営団と西武が同居しているような駅となっている。◎新桜台　2023（令和5）年11月19日

1994年12月7日に暫定ではあるものの新桜台〜練馬間が開業した。練馬駅高架化工事の遅れから、新桜台駅練馬方に設けられた分岐器から先で下り線のみを使用した単線運転がなされ、ようやく西武鉄道の車両が西武有楽町線に入線した。また建設時期が異なるため、トンネル構造が小竹向原〜新桜台間とは異なっている。その後1998年3月26日に複線開業した。◎新桜台〜練馬　2023（令和5）年11月19日

狭山線

池袋線の西所沢駅から分岐する狭山線は埼玉西武ライオンズの本拠地である西武ドーム（ベルーナドーム）がある西武球場前駅までを結ぶ4.2kmの路線。全線単線で、途中には唯一の中間駅で交換駅の下山口駅がある。武蔵野鉄道山口線として開業し、戦時中には不要不急線として一度は線路を剥がされ、戦後の復活時に現在の路線名となった。
◎下山口　2015（平成27）年9月15日　撮影：武田雄司

終点の西武球場前駅は西武ドームの目の前に位置する駅。まだ西武が球団を買収する前は狭山湖駅と呼ばれたが、球場建設に伴い駅を移設している。元々は村山貯水池周辺への観光客輸送を目的として設置された村山公園駅であったが、幾多にも及ぶ駅名改称を経て1979年に現在の駅名に落ち着いた。◎西武球場前

ホームは頭端式3面6線で、改札口も通路数もかなり多い。普段は閑散としているが、野球の試合やイベントなどがあるとその威力を最大限に発揮する。特に野球の試合後は野球ダイヤと呼ばれる臨時列車の輸送パターンがあり、当日の試合展開や試合終了時刻などにより複数種類の運行パターンの中から直前に決められ、大量の観客を輸送している。
◎西武球場前　2020（令和2）年5月29日

新宿線

西武新宿～本川越の47.5kmを結ぶ新宿線。西武鉄道の前身となる川越鉄道川越線の一部と村山線を組み合わせた形となっている。池袋線と並ぶ西武鉄道の２大路線の一つで、緩和されてきているものの西武鉄道では一番混雑が激しい路線となっている。また山手線の駅から延びる大手私鉄路線で地下鉄に直通していない３路線の一つである。
◎西武柳沢～田無　2021（令和３）年12月９日

新宿線の起点となる西武新宿駅のホームは頭端式2面3線でターミナル駅の様相であるが、都心側の利用客数はその立地のせいか圧倒的に高田馬場の方が多い。また当駅は国鉄新宿駅東口までの延伸工事時の仮駅として開業した。しかし延伸されることはなく乗入れ計画は中止され、1977年に現在の西武新宿ビルが建設されて本設駅へとなった。
◎西武新宿　2020（令和2）年9月17日

写真下に写る2kmポストは高田馬場起点のもので、これは西武新宿延伸前まで村山線の起点であった高田馬場に0kmポストが設置されているためだ。新宿線は1952年に村山線の終点だった高田馬場から山手線と並走する形で延伸開業し、それと同時に村山線は新宿線へと改称されている。◎西武新宿　2013（平成25）年9月11日

新宿線混雑緩和のため、西武新宿〜上石神井間の約13.4kmに地下急行線を建設して複々線化する計画がなされた。池袋線の複々線化工事が地元の反対などで事業が長期化したことから大深度地下とし、建設費圧縮のため地下区間の途中駅は西武新宿と高田馬場のみであった。しかし建設費高騰や混雑が緩和されてきたことから1995年に計画は無期限延期となり、2019年に正式に計画は中止された。◎西武新宿〜高田馬場　1993（平成5）年12月22日　撮影：諸河 久

西武新宿〜高田馬場間では山手線と完全に並走し、山手貨物線と合わせて３複線となっているが、新大久保には駅は設置されていない。当時、このような完全並走での開業はなかなか認可が下りないが、習志野の陸軍鉄道連隊演習線を京成グループに譲った見返りともいわれている。◎西武新宿〜高田馬場　2022（令和４）年４月20日

1976年３月より新宿線初の定期特急として西武新宿〜西武秩父で運転が開始された特急「おくちちぶ」。新宿線からの秩父直通特急として休日のみ運転され、所沢と飯能の２駅で運転方向が変わっていた。1993年に特急小江戸の運転開始に伴い池袋〜西武秩父へと運転区間が変更されたが、2003年に運転を終了している。
◎西武新宿〜高田馬場　1990（平成２）年３月21日　撮影：諸河 久

高田馬場駅は山手線や東西線との乗換駅で新宿線の中で最も乗降客数の多い駅だ。山手貨物線を挟んで並行してホームが設置されており、時代と共に駅に並ぶ車両も様々変化をしていった。またホームは上り線の両側にホームがある変則的な2面2線で、朝方ラッシュ時には下りホーム側を降車ホームとして使用されている。
◎高田馬場　2018（平成30）年4月6日

旧西武鉄道村山線のターミナル駅として開業した高田馬場駅。戦後の1949年まで都電も乗り入れてなく、山手線と接続するのみであった。戦前には早稲田まで延伸し、都電と接続する計画などもあったが、実現せず1952年の西武新宿駅への延伸まで待つこととなった。◎高田馬場　1979（昭和54）年4月

高田馬場駅を出ると新宿線は半径158mで30.3‰の勾配がある急カーブを曲がり、駅では並んでいた山手線を直角に横切るように潜っていく。1927年の村山線開業時の高田馬場駅はまだ山手線を潜ることができず、立体交差手前で仮駅として開業。1928年に現在の位置へ延伸開業している。◎下落合〜高田馬場　1979（昭和54）年4月

高田馬場〜鷺ノ宮にかけてはカーブが多く、写真の新井薬師前駅や都立家政駅のようにカーブ上にホームがある駅もある。また新宿線は駅の間隔が池袋線に比べて短くなっている他、駅の前後に踏切が設置されている駅では8両編成対応のホームで一杯一杯のところもある。◎新井薬師前　2015（平成27）年6月29日

真ん中に通過線を持つ相対式2面3線の井荻駅。かつては上り線が島式1面2線、下りが1面1線の構造であったが、1998年に現在の形へ改められた。通過線には上下線とも入線できるが、基本的には上り列車が使用している。またかつては当駅の本川越方で環状8号線と踏切道で交差しており、傲慢的な渋滞の名所であった。
◎井荻　2014（平成26）年2月27日

村山線開業翌年の1928年1月に開設された上石神井車両基地。当初は上石神井電車庫と呼ばれていた。新宿線には他に大きな車両基地があることから現在では車両配置はないが、新宿線の都心側にある唯一の車両基地として重要なポジションにあることには変わらない。◎上石神井車両基地　2017（平成29）年10月8日

桜の名所として知られる新宿線が中野通りと交差する新井薬師前2号踏切。この付近では現在、新宿線中井〜野方駅間連続立体交差事業という約2.4kmの地下化工事が進められており、完成すると新井薬師前駅と沼袋駅が地下駅となる。そのためこの踏切を含む7箇所を除去予定となっており、春の組み合わせも近いうちに見られなくなる。
◎新井薬師前〜沼袋
2022（令和4）年3月30日

村山線開業時に設置された上石神井駅は、車両基地が併設され、当駅発着の列車も多い。新宿線の駅には折り返し列車の簡易化のため中線をホームで挟み込んだ島式2面3線駅が多いのが特徴的だ。また井荻〜西武柳沢までを高架化する計画があり、当駅は車両基地ごと高架になる予定となっている。◎上石神井

開業当時は上保谷であった東伏見駅。1929年に京都の伏見稲荷大社の東京分社として東伏見稲荷神社を西武鉄道の社有地に誘致し、駅名を現在のものに改称した。この神社への参拝客の便をはかるため2面3線駅となっていたが、1983年にホームを2面4線へと改築され、待避駅となった。◎東伏見　2013（平成25）年9月11日

武蔵関駅付近から武蔵関公園にかけての石神井川沿いは桜並木となっており、春先になると新宿線から桜を愛でること
ができる。ここ以外にも石神井川沿いには桜の木が多く植えられており、流域各地で桜の花が楽しめる。
◎東伏見～武蔵関　2019（平成31）年4月4日

2018年3月より運行を開始した「拝島ライナー」は、西武新宿～拝島間を結ぶ有料座席指定列車。池袋線の「S-TRAIN」
と同じ40000系を使用しており、当初は夕方ラッシュ時の下り列車のみの運転であったが、2023年のダイヤ改正からは
朝方の下列車の運転もはじまった。停車駅は西武新宿・高田馬場・小平～拝島となっている。
◎武蔵関～東伏見　2023（令和5）年3月28日

新宿線の主要駅である田無駅は中線を島式ホームで挟み込んだ２面３線構造で、折り返し列車も多く本川越方には引上線が設けられている。また当駅から急行は各停運転となる。次の花小金井駅も当駅同様に島式ホームで中線を挟み込んだ２面３線駅であったが、中線部分を埋めて島式１面２線へと改められた。
◎花小金井〜田無　2018（平成30）年４月６日

長らく毎日運転の列車は通勤車両のみであった新宿線であったが、1993年12月より西武新宿〜本川越を結ぶ特急「小江戸」の運転が開始された。当初から使用されている10000系のコンセプトと同様に通勤特急と観光特急の２つの列車を兼ねる形となっており、川越への観光と所沢や川越への通勤利用の両面を支える列車として早朝から深夜まで運転されている。
◎小平〜花小金井　2020（令和２）年11月28日

小平駅は拝島線との分岐駅でホームは島式の2面4線。交互に走る新宿線と拝島線の優等列車と各駅停車が当駅で緩急接続等をしており、同一ホームで接続できるよう駅の本川越方では拝島線上り線と新宿線下り線とで平面交差している。また駅から数百メートルほど新宿線と拝島線が並走し、さながら複々線のようになっている。◎小平〜久米川　2023（令和5）年11月19日

新宿線と国分寺線、西武園線が乗り入れる東村山駅はかつて橋上駅舎であったが、東村山駅付近連続立体化事業という高架化工事が進められており、高架駅へ生まれ変わる予定だ。これにより当駅は島式3面6線から2面4線となる。また5箇所の踏切が除去される予定となっている。◎東村山　2023（令和5）年5月6日

新宿線の輸送力増強のために1969年に開設された南入曽車両基地。開設当初は上石神井検車区の支所だった。新所沢
～入曽間の本線脇に設置されたが、近くに駅はなく入出庫は南入曽信号場で行われている。当初は収容両数150両ほど
であったが、順次拡張され現在では286両と新宿線最大の車両基地となっている。
◎南入曽車両基地　2019（令和元）年11月9日

狭山茶の産地で知られる狭山市、所沢市一帯の新宿線沿いは宅地化が進み茶畑などは減ってきたが、一部区間では線路
沿いに茶畑を見ることができる。狭山市以遠が複線化されたのは1980～1991年のことで、新宿線の中でも特に遅い区
間であった。◎新狭山～狭山市　2020（令和2）年11月13日

新狭山駅から南大塚駅にかけては狭山市と川越市にまたがる川越狭山工業団地があり、並走する国道16号線から新宿線両側一帯にかけて複数の工場や倉庫などがひしめき合っている。また新狭山駅はこの工業団地の開設によって設置された駅である。◎南大塚～新狭山　2019（平成31）年4月6日

川越中心部にある駅で最も歴史のある本川越駅は1895年に川越鉄道川越駅として開業した。1990年に改良工事をおこなった際に島式の1面2線ホームに変更されたが、1998年にそのホームを2分するように線路を敷設し現在の2面3線となっている。また川越中心部に一番近い駅である他、川越鉄道時代の名残で、新宿線の本川越～東村山は当駅起点のキロポストが設置されている。◎本川越　2023（令和5）年2月23日

本川越手前ではJR川越線と東武鉄道東上本線と交差している。この立体交差は戦前に建設されたため、単線分の幅しかなく、ほぼ複線の新宿線はこの付近のみ単線となっている。そのため南大塚方には単線と複線の切り替えのための脇田信号場が設置されている。◎脇田信号場〜本川越　2021（令和３）年11月25日

安比奈線

線路内立入禁止

南大塚駅からかつて入間川で採掘された砂利を積載する貨物駅 安比奈駅まで全長3.2kmの安比奈線が分岐していた。砂利採取を目的に1925年に敷設され、入間川の砂利採掘が全面禁止される1967年まで活躍した。その後、路線は休止に追い込まれ廃線同然に荒れ果てた。◎南大塚〜安比奈　2017（平成29）年9月29日

施設はそのままに荒れ果てた安比奈線であったが、1987年に安比奈への新宿線の車両基地建設計画が持ち上がった。路線のうち南大塚駅から2.6km区間を活用して収容両数300両程度の車両基地計画が検討されたが地下急行線計画が無期限延期されたことから、こちらも延期・中止され、休止期間が50年以上経った2017年5月31日に廃止された。◎南大塚〜安比奈　2015（平成27）年5月26日

西武園線

新宿線の東村山駅から西武園駅の2.4kmを結ぶ西武園線。全線単線で、途中駅はない。当時、旧西武鉄道と武蔵野鉄道はライバル関係にあり、武蔵野鉄道系の多摩湖鉄道が多摩湖付近に駅を開設する予定であることから現在の新宿線の前身となる村山線の一部として建設された。元々の計画では箱根ヶ崎までの計画であったが、実現はしなかった。
◎東村山～西武園　2008（平成20）年1月27日

元々は村山貯水池前→狭山公園が終点であったが、1950年に西武園競輪場が開設されたため路線途中から分岐して西武園駅が開設された。分岐に野口信号所を設置したが、狭山公園駅は1951年に廃止され信号所も廃止されている。かつては新宿線との直通列車が運転されていた。また線路の北側は都立八国山緑地、南側には花菖蒲で有名な北山公園がある。
◎西武園～東村山　2020（令和2）年6月21日

拝島線

新宿線の小平を起点として拝島までの14.3kmを結ぶ拝島線。起終点を含めて8駅しかない当線だが、線内の単独駅は3つ程しかなく、乗り換え駅の割合が多い。また複数の路線を組み合わせて開業したため、拝島線の0キロポストは4つも設置されている。新宿線と直通運転を行なっており、西武新宿からの直通列車も多数運行されている。
◎西武立川〜武蔵砂川　2020（令和2）年4月4日

拝島線の起点の小平駅。当駅へ萩山駅から最初に延びてきた線路は多摩湖鉄道で、村山線と連絡するためであった。当駅から少し離れた場所に本小平駅として設置されていたが、1949年に統合された。この当時、小平線ホームは駅の海側にあり本線同士の平面交差はなかった。その後、この区間は上水（拝島）線に編入され複線化の際に平面交差に変更された。当駅以降、拝島線ではこのような平面交差がある駅が3駅続く。◎萩山～小平　2023（令和5）年11月19日

2008年6月のダイヤ改正で登場した「拝島快速」は西武新宿～拝島間を結ぶ無料優等列車で、西武新宿・高田馬場・鷺ノ宮・上石神井・田無・小平・玉川上水～拝島に停まる列車として運転が始まった。途中の急行停車を4駅通過し、拝島線内も優等運転していたが2012年のダイヤ改正で廃止となった。◎花小金井～小平　2012（平成24）年6月15日

萩山駅は多摩湖線との接続駅で、2面3線となっている。拝島線が使用するのは2番線と3番線で、どちらのホームも多摩湖線と共用となっている。1962年に萩山と小川を結ぶ区間が開業し、小平〜萩山の小平線が上水線に編入された。これにより多摩湖線との平面交差が誕生した。かつては朝方ラッシュ時に新宿線直通する拝島線と多摩湖線の列車が当駅で増解結をする運用があった。◎萩山　2013（平成25）年11月17日　撮影：武田雄司

国分寺線と接続する小川駅では、対面乗り換えが可能なように2面4線のホームのうち内側2線を国分寺線、外側2線を拝島線が使用している。当駅は川越鉄道として開業した国分寺線に拝島線が接続する形で敷設された。そのため駅の前後には両線が交わる平面交差があり、拝島線が国分寺線を横切っていく。◎小川　2019（平成元）年9月5日

拝島線のうち小川〜玉川上水4.5kmは日立飛行機が日立飛行機立川工場専用線として建設したものを戦後に譲り受け上水線として開業した。その後、小平線小平〜萩山と小平線と小川とを結ぶ新線を建設して編入。1968年に玉川上水〜拝島が建設されると上水線は拝島線へと改称された。◎東大和市〜小川　2007（平成19）年12月8日

日立飛行機立川工場の焼け野原に設置された米軍立川基地の関連施設である大和空軍施設の返還による跡地利用の一つとして1987年から建設がはじまった玉川上水車両基地。1990年に上石神井車両管理所の支所として開設された。現在では新宿線車両所で唯一の10両編成を検査できる基地となっている。◎玉川上水車両基地　2022（令和4）年3月24日

拝島線は玉川上水駅手前から拝島駅付近にかけて玉川上水の北側を沿うようにして線路が敷かれている。しかし拝島駅は玉川上水の南側に位置するため、西武立川〜拝島間では玉川上水橋梁を渡っている。この鉄橋は単線だが、橋台は複線用となっている。また玉川上水に沿って玉川上水緑道が整備され、四季を感じることができる。
◎拝島〜西武立川　2017（平成29）年12月10日

武蔵砂川駅から延びてきた複線は当駅で終わり、拝島方は再び単線となる。玉川上水〜拝島間の開業時は延伸区間唯一の途中駅で交換駅であった。また当駅は立川と名乗っているが、1963年に立川市へ吸収合併されるまで当地は北多摩郡砂川町で、さらに駅前の半分は昭島市にかかっており、立川駅からはかなりの距離がある。
◎西武立川　2020（令和2）年4月4日

1968年に玉川上水から上水線を延伸する形で開業した拝島駅。JR青梅線、五日市線、八高線との接続駅で、ホームは1面2線。かつては駅の自由通路がなかったため、小平方に「市道北143号踏切」という拝島駅電留線などを含む全路線を跨ぐ長い踏切があった。また当駅の小平方には横田基地への燃料輸送を行う専用線との平面交差があり、週に数回ほど拝島線を貨物列車が横断していく。◎拝島　2019（平成31）年2月4日

国分寺線

国分寺と新宿線東村山の7.8kmを結ぶ国分寺線は、1894年に開業した川越鉄道最初の線区で、西武鉄道として最も古い路線だ。川越線は翌年に延伸して川越（本川越）〜国分寺となったが、1952年に本川越〜東村山が新宿線に分離され、残った区間は国分寺線となった。また川越鉄道時代からのキロポストを使用しているため、本川越起点のものが使われている。
◎国分寺〜羽沢信号場　2022（令和4）年3月16日

国分寺駅は川越鉄道開業時よりある駅で、西武鉄道では最も古い駅の一つ。当駅で連絡する中央本線の前身 甲武鉄道に川越鉄道は営業を委託しており、甲武鉄道が国有化されるまでは直通運転が行われていた。そのためホームは並びで建設され、かつては線路も繋がっており、貨車継走も行われていた。◎国分寺　2023（令和5）年11月30日

住宅街の中を走る区間が多い国分寺線だが、鷹の台～小川には線路沿いに畑が多く残る。この付近の畑は江戸時代初頭に新田開発されたもので、青梅街道や玉川上水に対して直角で南北に細長い地割りが特徴的な「短冊形農地」と呼ばれる。水利に難のあった武蔵野台地に特に多く西武沿線でよく見られるものだ。
◎小川～鷹の台　2015（平成27）年10月24日

国分寺線は近年 101系や新101系、2000系、3000系などが使われおり、現在は新2000系の6両編成が行き来している。しかしどれも抵抗制御車で、西武鉄道は2030年度までにVVVFインバータ制御車に統一する方針から2024年度より小田急8000形の導入が決まっている。また写真は東村山駅に入線する新101系6両編成だが、4両と2両の併結編成となっている。
◎東村山　2009（平成21）年3月19日

国分寺駅を出ると国分寺線はしばし中央本線と並走する。野川を越えたあたりから国分寺線は進路を北に変え、中央本線とは離れる。写真一番手前の線路は中央本線の下河原支線で、国分寺線や中央本線上下線と合わせて線路が4線敷設されていた。武蔵野線が開業し、新秋津駅で国鉄と西武の貨車継走が開始される以前は、池袋駅と国分寺駅で貨車継走が行われていた。◎国分寺～羽根沢信号場　1976（昭和51）年1月24日　撮影：諸河 久

多摩湖線

国分寺駅と多摩湖駅の9.2kmを結ぶ多摩湖線。武蔵野鉄道の系列会社である多摩湖鉄道が箱根土地の小平の分譲地や村山貯水池への観光客輸送を意識して敷設した路線。建設時はまだ旧西武鉄道とは合併しておらず、両者はライバル関係にあったため、かつての村山貯水池駅と旧西武鉄道の村山貯水池前駅は至近距離に建設されていた。
◎一橋学園〜本町信号場　2016（平成28）年11月3日

かつての国分寺駅は現在、連絡通路で越えている道路から中央線側にあり、交番がある付近が踏切で、そこから17m車3両でやっとのホーム長のホームがあった。そのため1990年に改良工事が行われ、ホーム延伸の支障となっていた駅すぐの踏切の北側に20m車4両分のホームを新たに建設し、線路移設もなされた。現在のホームを出てすぐの踏切が国分寺2号踏切なのはそのためだ。◎国分寺　2023（令和5）年11月3日

将来的な多摩湖線複線化を見越して用地が確保されていたが、国分寺駅付近ではそれを西武バス専用道として流用した。熊野神社通りから国分寺駅北口入口までの区間で、かつてロータリーが整備されていなかった北口付近へ円滑に走ることができた。現在では再開発で北口ロータリーができ、北口ロータリーへと移転した路線も一部ある。
◎本町信号場〜国分寺　2023（令和5）年11月3日

多摩湖線の前身となる多摩湖鉄道の国分寺〜萩山開業時の途中駅は東国分寺、桜堤、小平学園、青梅街道であった。その後、商大予科（一橋大学）駅や厚生村駅が開設され、8駅が4.4kmの中に設置されていた。しかし戦時中に休止となった駅が廃止されたり、駅の移設統合などがあり、現在は4駅となった。特に国分寺〜一橋学園は駅間が2.4kmもあるため、ほぼ真ん中に本町信号場が設置された。◎一橋学園〜青梅街道　1990（平成2）年3月21日　撮影：諸河 久

多摩湖鉄道国分寺～萩山開業時に開設された萩山駅。当初はどの路線とも接続しない終着駅だった。その後、東小平駅や村山貯水池駅までの延伸がなされ、分岐駅となった。現在の位置へ移ったのは1958年9月だったが、当時の小平～萩山は小平線であった。◎八坂～萩山　2013（平成25）年11月17日　撮影：武田雄司

長らく萩山で運転系統が分かれていた多摩湖線は国分寺方面の発着は1番線のみで行われていた。その後、萩山でも交換できるように改良され、3番線からも国分寺方へ出発できるようになったが、ホーム途中から分岐する形となり、2番線を掠めるようにして通過をしていく。また萩山からしばらくは複線となり、八坂駅手前で再び単線となる。多摩湖方には2本の留置線が設置されている。◎萩山　2013（平成25）年11月26日　撮影：武田雄司

西武園ゆうえんちの観覧車を背に国分寺へ向かう多摩湖線新101系。多摩湖線の終点は多摩湖駅であるが、1979年から2021年にかけては西武園ゆうえんちの最寄駅であることから、西武遊園地駅という駅名だった。しかし駅から近かった中央口が閉鎖されたことから以前名乗っていた多摩湖駅へ改称された。
◎西武遊園地（現・多摩湖）～武蔵大和　2020（令和２）年12月13日

多摩湖線は国分寺線を跨ぐと再び複線のようになる。ここは回田信号場で、交換有効長は1.7kmほどあり八坂〜武蔵大和間の大部分がこの信号場の構内となっている。そのため上下列車は走行しながら交換することができる。また萩山〜多摩湖間ではホーム有効長が8両編成分あり、新宿線からの直通列車も運転されている。
◎回田信号場　2015（平成27）年8月2日

多摩川線

武蔵境と是政の8.0kmを結ぶ多摩川線。多摩川の砂利輸送を目的として敷設された多摩鉄道が前身で、1927年に旧西武鉄道に買収された。合併後は一度も他の西武鉄道の路線と繋がったことはなく離小島となっている。また多摩ニュータウン計画時に是政より先に延伸して乗り入れる計画もあったが、実現はしなかった。
◎新小金井～多磨　2017（平成29）年12月３日

多摩川線の起点となる武蔵境駅は中央本線との接続駅。高架化前は中央本線下りと多摩川線とでホームを共用していた。高架化の際に改札ごと分離されたが、西武鉄道の他路線と線路が繋がっていないため車両を交換する際はJR貨物の機関車が多摩川線の武蔵境駅構内まで入線し、運ばれていく。そのため中央本線との連絡線があり、出発信号機も設置されている。◎新小金井〜武蔵境　2013（平成25）年5月25日

多摩川線の車両は白糸台車両基地で整備しているが、車輪添削や重要部検査、全般検査などを小手指車両基地や武蔵丘車両検修場でおこなうため、武蔵境〜新秋津までJR貨物による甲種輸送が年に数回行われている。また同じ西武グループである伊豆箱根鉄道でも大雄山線の車両を駿豆線大場工場へ入出場する際には同様にJR貨物による甲種輸送がなされている。◎中央本線 八王子　2019（平成31）年4月13日

新小金井駅をすぎ野川公園付近から京王線を越えたあたりまで多摩川線の線路上に門形の鉄塔が建っている。これは東京電力車返線と国分寺線。特に車返線は三鷹市の三鷹変電所と府中市の車返変電所を結んでいる送電線で、約半分の区間が線路上に架けられている。かつては武蔵境方にもっと長い距離架けられていた。
◎多磨～新小金井　2020（令和2）年3月21日

新小金井〜多磨間にある野川橋梁付近で、多摩川線は2つの都立公園の境目を走っていく。一つが西側にある都立武蔵野公園で、もう一つが東側にある都立野川公園だ。どちらも武蔵野の森構想をもとに造成された公園。またこの付近で東八道路とも交差している。◎新小金井〜多磨　2020（令和2）年3月12日

多摩川線では1996年4月1日からワンマン化が行われた。西武鉄道のワンマン化は新交通システムの山口線以来2例目。従来ツーマン運転をおこなっていた線区では3両以下はあったものの、4両編成でのワンマン化は全国初だった。また都市型ワンマン方式で、当初はワンマン改造化された101系5編成が使用された。
◎新小金井　2010（平成22）年3月12日

多摩川線の中枢とも言える白糸台駅のホームは島式1面2線。駅には新宿線車両所白糸台車両基地があり、多摩川線の車両整備などをおこなっている。2001年に駅名改称されるまでは北多磨駅と北多磨車両基地であった。また京王線の武蔵野台駅と多摩霊園駅が徒歩圏内で、西武側では乗り換え案内をするが、京王側は特に車内での案内をしていない。
◎白糸台　2010（平成22）年11月4日　撮影：近藤倫史

白糸台をでると京王電鉄京王線の下を潜る。かつては京王線の上にも多摩川線と同様に東京電力一の宮線などの送電線が架けられていたが、現在では撤去されている。また1996年に多摩川線がワンマン化されるまでは401系や701系などといった車両も活躍していた。◎北多磨（現・白糸台）～競艇場前　1990（平成2）年3月22日　撮影：諸河 久

送電線が併架されなくなった多摩川線は、大きく進路を変え多摩川に沿うような線形となる。かつては競艇場前駅や是政駅からは多摩川砂利採取のための専用線が延びていた。しかし採掘禁止となり1965年ごろに専用線は廃止されてた。また砂利採掘場の跡地の一部が多摩川競艇場となった。
◎北多磨（現・白糸台）～競艇場前　1990（平成2）年3月22日　撮影：諸河 久

山口線

1950年8月に西武園遊園地の遊戯物"おとぎ線"として多摩湖ホテル前〜上堰堤の2.5kmが開業。翌年にユネエスコ村までの1.1kmが延伸された。その後、1952年には普通鉄道となった山口線。西武鉄道の他線とは線路がつながっておらず、軌間は軽便鉄道と同じ762mmで敷設された。◎西武遊園地〜ユネスコ村　1977（昭和52）年4月3日　撮影：諸河 久

鉄道100年の1972年から山口線では2両の蒸気機関車が走り始めた。頸城鉄道から借用した1形2号「謙信号」と井笠鉄道から借用した2形1号「信玄号」で、SLブームも相まって大変な人気を呼んだ。また客車は井笠鉄道から8両が譲渡され、31形客車として活躍した。写真は2形1号の「信玄号」。
◎山口信号所付近　1977（昭和52）年4月3日　撮影：諸河 久

井笠鉄道と頸城鉄道からそれぞれ借用した機関車が使われていたが、借り物であるため1977年に台湾の製糖会社から購入した5形蒸気機関車の527号と532号を導入することとなり、それまでの機関車は元の会社に返却された。今回導入した蒸気機関車は1984年の山口線ナロー運行休止まで活躍した。◎山口信号所付近　1977（昭和52）年4月3日　撮影：諸河 久

1950年のおとぎ線開業時に導入されたＢ１形蓄電池機関車。1951年にＢ11形が登場するまではこの機関車１両だけが
使用されていた。後ろに連結されているのは、密閉客車の21形だ。
◎山口検車区　1976（昭和51）年10月31日　撮影：諸河 久

1951年から1960年にかけて5両製造されたB11形蓄電池機関車。11号機が中島電気自動車製で、それ以外は西武所沢車輌工場製。B1形の増備車として製造され、自重は10tとやや重くなった他、外観は丸み帯びた形へと変わった。また客車は1形というビニール屋根の開放客車で、台車には元陸軍鉄道連隊97式の物を使用している。
◎山口信号所　1980（昭和55）年4月　撮影：諸河 久

1984年5月に輸送力増強のため、これまでのナローゲージから新交通システムへの転換工事が行われ山口線は11ヶ月間営業が休止された。そして1985年4月に新たな山口線西武遊園地〜西武球場前の2.8kmが開業した。写真の遊園地西駅はかつての遊園地前駅。かつて山口検車区があったが、面影はない。また新交通システムに変更された際に、旧 山口線の軌道跡は約半分ほど新交通システムの山口線用地として使用された。◎遊園地西（現・西武園ゆうえんち）

新交通システムとなった山口線には新たに8500系が導入された。西武鉄道初の案内軌条方式で、大手私鉄では唯一の保有である。導入当時、他の新交通システムは無人運転で、三相交流電化路線が標準的であったが、山口線では建設費削減のため有人運転とし、直流750Vとされた。◎西武遊園地〜東中峰信号場　1989（平成元）年11月19日　撮影：諸河 久

山口線用の8500系は、西武鉄道初かつ新交通システム初のVVVFインバータ制御車でもあった。運行開始後に路線名と車両愛称が「レオライナー」となり、車体にはロゴが追加されている。またライオンズカラーの鉄道車両はこの8500系が最初であった。◎東中峰信号場〜遊園地西（現・西武園ゆうえんち）　2017（平成29）年4月2日

2章
車両編

車両は時代によって車体長や前面スタイル、扉数など時代によって様々な変化がある。ここでは1970年代終わり頃から近年までの車両を特急車から順にご紹介していく。◎南入曽車両管理所　1993（平成5）年11月6日　撮影：諸河 久

5000系
（レッドアロー・特急車）

1969年に西武鉄道初の特急専用車として登場
した5000系。既に有料特急を運転している国
鉄や近鉄、小田急などの車両を参考に日立製
作所で設計・製造された。当初は4両編成で
登場し、多客期などには2編成連結した8両
編成などでも運転された。西武鉄道としては
じめてブルーリボン賞を受賞している。
◎小手指検車区
1974（昭和49）年1月22日
撮影：諸河 久

車両愛称は「レッドアロー」と名付けられ、西武鉄道初の回転クロスシート車、座席指定車、冷房車などと新しいものずくめで登場した。しかし足回りは101系と同様で、これは万が一、特急が失敗した場合は足回りだけ通勤車両に流用できるためと言われている。また第4編成以降は西武所沢工場で製造されるようになった。
◎東吾野〜高麗　1980（昭和55）年5月7日　撮影：諸河 久

1974年竣工の第5編成からは6両編成となり、これまでの車両も6両化された。最終編成となる1978年竣工の第6編成では前面ヘッドマークの電照式となり、既存の5編成も同様の改造された。また1987年頃からはリニューアル工事も行われた。長らく西武のフラッグシップトレインであったが、10000系の登場で置き換えが始まり1995年までに引退した。
◎吾野　1990（平成2）年4月2日　撮影：諸河 久

10000系
(ニューレッドアローNRA・特急車)

1993年に5000系の後継車両として登場した10000系。通勤特急需要が増していたことから、通勤特急と観光特急の双方で使用できる車両として「ゆとりとやすらぎの空間」をコンセプトとして設計された。1993年12月に新設された新宿線初の毎日運転の定期特急「小江戸」より運転を開始した。
◎小平〜花小金井
2016（平成28）年1月10日

車両愛称はニューレッドアローと名付けられ、車体側面には頭文字をとって「NRA」というロゴマークが描かれた。また5000系は定員数を確保するためシートピッチが狭かったため10000系ではシートピッチを広げており、5000系より1両多い7両編成であるものの定員は6名増えたのみとなった。
◎南入曽車両管理所
1993（平成5）年11月6日
撮影：諸河 久

1993年から2003年までに7両編成12本が製造されたが、このうち1996年までに竣工した11本は101・501（3代目）・701系・5000系の台車や機器類を一部改造した上で流用し製造され、特に第6〜11編成は5000系のものを使用している。そのため当時VVVFインバータ制御の6000系が登場していたが、抵抗制御車となっている。
◎高麗〜武蔵横手
2005（平成17）年4月2日

増発用として7年のブランクを経て2003年に1本増備された第12編成は、主制御装置が20000系と同じVVVFインバータとなり、パンタグラフのシングルアーム化などマイナーチェンジがなされたが、番代は変更されていない。一見、東武鉄道250型のように完全新造車のように見えるが、一部機器や台車は101系からの改造流用されている。
◎2016（平成28）年7月10日

登場から10年が過ぎた2004年から第1〜11編成の車内設備や内装を第12編成と同仕様とする更新工事が行われ、特に座席は全て新しいものに取り替えられた。また登場から四半世紀あまりフラッグシップトレインとして君臨したが、2019年の001系運行開始により廃車がはじまり現在では写真の池袋線では運用されてなく新宿線系統のみで運転されている。
◎飯能
2016（平成28）年8月10日

2011年3月の東北地方太平洋沖地震に端を発する計画停電による減便などもあり、特急車両への親近感、特別感を感じるPRの一環として2011年11月より第5編成に5000系の塗色を再現したレッドアロークラシックが登場。車体側面ロゴは「NRA」から「RED ARROW CLASSIC」へと変更された。2021年まで運行された。
◎西吾野
2014（平成26）年7月28日

001系（Laview・特急車）

2018年に10000系の後継車両として登場した001系。「Laview」と名付けられたこの車両は球面状の前面や座席の下まである大きな側面窓、シルバーメタリック塗装などが特徴的で「いままで見たことがない新しい車両」をコンセプトに建築家の妹島和世氏を中心にデザインがなされた。西武鉄道の新しいフラッグシップトレインとして2019年3月より池袋線系統の"ちちぶ""むさし"で運行を開始した。◎吾野～東吾野　2020（令和2）年2月9日

10000系より1両多い8両編成となり、編成番号はA～Gのアルファベットが振られた7本が製造された。そのため車両標記は"クハ001-A1"などとなっている。また西武秩父線に回生電力蓄積装置が設置されたことから、10000系第12編成に引き続きVVVFインバータ制御の特急車となっている。5000系以来となるブルーリボン賞を受賞した。
◎横瀬車両基地　2019（令和元）年11月9日

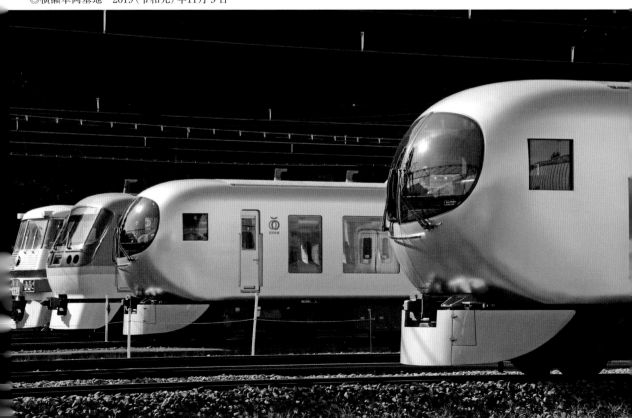

351系

戦後、国鉄からの譲渡された国電ばかりであった西武鉄道。戦後初の新造車両として1954年に製造された501系は半鋼製17m車として登場した。前面は当時流行りの湘南窓であったが、このスタイルは551系や601系、701系、801系、101・301系、3000系まで続く西武3扉車の原型となった。先頭車が17mで、中間車が20m車であったため、先頭車は早々に追い出され1958年に411系となり、1964年には351系へと改番された。
◎南入曽車両管理所　1990（平成2）年4月17日　撮影：諸河 久

351系は17m車であるため、20m車が主流になると徐々に淘汰され、1980年以降に残ったのは国分寺駅ホームに制限があった多摩湖線用の3本だけとなった。この編成は両先頭車がクモハ351形で、中間に311系の中間改造車であるサハ1311形を組み込んだ3両編成だった。これらは国分寺駅ホームが移設される1990年まで活躍した。現在は上の写真に写るクモハ355が原色に戻された上で横瀬にて保存されている。
◎萩山〜青梅街道　1990（平成2）年3月21日　撮影：諸河 久

元.旧型国電

クモニ1形のクモニ2は国鉄身延線で使用されていたモハ14形100代を1960年に西武鉄道が譲り受け、通勤車両でとして、1965年に荷物車として改造された車両。前後で前面形状が異なり、非貫通と固定されているが貫通形扉があるスタイルとなっていた。池袋線系統で活躍していたが小手荷物輸送がトラック輸送に切り替えられ、1978年1月に廃車となった。◎小手指検車区　1974（昭和49）年1月22日　撮影：諸河 久

戦災による被災車両を1両も出さなかった西武鉄道であったが、故障などによる深刻な車両不足に陥り、鉄道省モハ50形とモハ31形の戦災復旧車として311系を導入した。戦後の主力車両として活躍したが、1954年に登場した501系以降、新車の増備が続き17m車である同車は1973年までに大多数の車両が引退した。写真は311系クモハ311形で、元鉄道省モハ50形だ。◎小手指検査区　1969（昭和44）年3月16日　撮影：諸河 久

451系

1959年に国鉄101系のような切妻
の前面形状で、西武鉄道初の両開
き扉、アルミユニットサッシを装
備した20mの全金属車として登場
した451系。1970年に4両編成を
6両編成と2両編成へと組み替
え、池袋・新宿両系統で運用され
ていたが、1979年より置き換えが
始まり、1984年に全車引退した。
写真は6両編成時代のもの。
◎入曽～新所沢
1977（昭和52）年3月6日
撮影：諸河 久

701系

1963年に登場した701系は、西武鉄道初のカルダン駆動車として登場した601系と性能は同じであるが、車体に変更が加えられた。前面では窓上に行先方向幕が設置、ヘッドライトは窓下２灯化された他、乗務員扉付近までステンレス製の飾り帯が巻かれた。また側面窓は601系までは451系と同様の２枚１組であったが、701系からは独立したものとなった。1976年までに４両編成48本が製造された。◎東長崎　1975（昭和50）年１月20日　撮影：諸河 久

801系

701系の改良型として1967年に登場した801系。性能は701系と同じであるが、車体は車両洗浄装置での洗車効率向上のため雨樋の位置が高く埋め込み式となり、付随車が空気バネ式のFS067台車を登場時から履いている。また1978年からは冷房化と電磁直通ブレーキ改造が行われた。４両編成５本が登場し、1997年までに全車引退した。◎武蔵関～東伏見　1990（平成２）年３月24日　撮影：諸河 久

ディープラズベリーとトニーベージュの赤電塗装で登場した701系であったが、1977年からレモンイエロー塗色に塗り直された。この際に作業簡略化や101系との差別化のため地色のレモンイエロー1色塗りとなっている。これにより赤電塗色は他の形式も含めて1980年代半ばまでに消滅した。また1975年から新宿線のサービス向上のために冷房化と電磁直通ブレーキ改造が行われており、冷房改造車で赤電塗装の車両も短期間であるが存在した。
◎北多磨（現・白糸台）〜競艇場前　1990（平成2）年3月22日

501系

　4両編成で製造された701系であったが、一部編成6両化の際に601系からの編入車を組み込んでいたが、数が不足したことから701系同士で組み替えた編成が発生した。その際に余剰となった先頭車6両を2両編成3本に組み替え電動車化して誕生したのが3代目501系だ。制御装置は101系から抑速制動を除いたものとなり種車の701系より高性能な車両となった。1981年に登場した同車であったが、1989年には廃車となり、床下機器類は10000系に転用された。
◎所沢～東村山　1988（昭和63）年1月16日　撮影：諸河 久

1964年に451系と同タイプの増結車として製造された2代目411系。登場時は451系と釣り掛け駆動であったが、701系が1975年より冷房化と電磁直通ブレーキ化が行われると、同車の増結車として2代目411系全車に対して冷房付きカルダン駆動車への大改造の上、2代目401系へと改称された。701系と共に1980年代に新宿線へ集中配置されていたが、1990年代に廃車が進み1997年に引退した。◎東伏見～武蔵関　1994（平成6）年4月4日　撮影：諸河 久

401系

101系

車体は801系をベースとしているが、客用ドアがステンレス製となった他、車両性能がよくなり701系などの従来車と併結できないため西武鉄道として初めてレモンイエロー地の車体塗装がなされた。当初は非冷房車で製造されたいたが、1972年より西武鉄道の通勤車として初めて冷房車が製造されるようになった。また平坦線区から山岳路線、各駅停車から急行までと幅広い活躍ができることから当初"ASカー"などと呼ばれた。
◎石神井公園　1977（昭和52）年3月12日　撮影：諸河 久

西武初の山岳路線となった西武秩父線の開業にに備えるべく主電動機の出力を強化し、抑速ブレーキを搭載した101系が1969年に登場した。1979年にモデルチェンジした新101系・301系も含めると1984年までに434両が製造された。当初は4両編成であったが、6両・8両編成も登場している。◎所沢〜西所沢　1990（平成2）年4月30日　撮影：諸河 久

101系は西武秩父線の開業半年前の3月5日に最初の編成が竣工。写真は竣工直後に吾野まで運転された際の姿。西武秩父線開業前の吾野駅は池袋からの行楽急行列車が多数運転されていた。701系と似たようなスタイルではあるが、台枠が厚くなったため車体裾が701系より下がっているのが特徴的だ。◎吾野　1969（昭和44）年3月16日　撮影：諸河 久

新101系・301系

新101系は101系製造中断から約3年ほど経った1979年池袋線を101系で統一すべく再び増備されたグループで、モデルチェンジ車。101系と同一性能であるが、製造中断期間に製造された2000系の設計思想と長所を採り入れた。外観では前面形状が特に変わり、2枚窓の湘南顔であるが当時流行りの額縁スタイルで、2000系同様の高運転台となっている。全車冷房車で2両編成と4両編成が製造された。◎秋津～所沢　1990（平成2）年3月19日　撮影：諸河 久

1980年12月に増備された4両編成の新101系は300番代を名乗って製造された。しかし翌年に製造された編成からは新101系と同一車体、同一性能であるが301系となり、300番代車も301系に改称している。その後、中間車4両が増結され、西武鉄道初の8両固定編成となった。当初の設計思想では701系との併結可能編成という意図があったようだが、そうはならず単純に新101系の8両編成バージョンであった。◎小平～花小金井　2011（平成23）年12月16日

101系と併結のできない701系
列との外観上の区別のため、
新101系も同様にレモンイエ
ローを地色に窓周りにウォー
ムグレーを施したツートンカ
ラーで登場した。しかし、
1990年代の半ばに701系列が
引退すると区別する必要もな
くなり1996年から2000年にか
けて塗装簡略化のため101系
列はレモンイエロー1色へ変
更された。また前面スカート
取り付けは2007年頃からはじ
まり大半の車両は取り付けら
れずに引退している。
◎飯能～元加治
2007（平成19）年4月27日

1998年以降、新101系の一部編
成にもワンマン化改造が行わ
れた。2010年に多摩川線で四
季をイメージしたラッピング
が行われ、ラッピングされて
いないワンマン車も全て白色
に塗り直された。しかし、コ
ラボレーションカラーや復刻
塗装車の急増により2020年に
白色塗色は消滅している。
◎西武遊園地（現・多摩湖）～
武蔵大和
2017（平成29）年4月2日

2017年の伊豆箱根鉄道とのコ
ラボレーション塗装登場以
降、通常用途の新101系ワンマ
ン車は近江鉄道100形カラー
や写真右側の701系を模した
赤電塗装、写真左側の登場時
の復刻塗色であるツートンカ
ラーの4パターンのうちいず
れかが塗られている。そのた
め現在、レモンイエロー1色
で残る新101系は牽引車兼用
の263編成のみとなっている。
◎新小金井
2018（平成30）年7月30日

2000系

1977年に駅間距離の短い新宿線各停用に開発された2000系。西武鉄道初の界磁チョッパ制御車で、回生ブレーキ搭載し、ブレーキは電気指令式電磁直通ブレーキ。前面は貫通扉があり、前面窓に７度の傾斜がついたパノラミックウィンドウが設置されたスタイルとなった。乗降時分短縮のため久々の４扉車で戸袋窓は省略されている。また車体色がレモンイエロー１色で登場した最初の形式でもある。事故廃車の代替新造も含めて130両が製造された。

両端が制御付随車で、中間車は全て電動車の６両編成で登場。1983年に新宿線８両化に伴い増結用に２両編成も製造された。その後、組み替えて８両固定編成も登場している。各停用として製造された2000系であったが、実際には当初から優等運用にも充当されていた。1996年からは更新工事が行われ、ドア交換やスカートの取り付け、一部編成では行先・種別表示器のLED化やパンタグラフのシングルアーム化がなされた。新宿線系統で活躍していたが、現在では２両編成が数本残るのみとなった。◎2021（令和３）年１月４日

新2000系

701系列置き換え用として1988年に登場した新2000系。2000系登場から10年近く経っていたことから、性能は揃えられたものの内外装が大幅に変更された。2・4・6・8両編成314両が製造され、新宿線・池袋線系統双方に導入し、西武有楽町線、山口線や多摩川線以外の全線で運用されている。◎拝島～西武立川　1990（平成2）年4月30日　撮影：諸河 久

2000系と新2000系は前面のヘッドライトや窓、標識灯、前面表示器などの設置位置やパターンはほぼ同じであるが、窓の傾斜がなくなったり、5分割のブラックフェイススタイルになったことで、大きく印象が異なる。また台車への着雪防止のため、新2000系では営業開始当時からスカートが設置されている。◎西武新宿～高田馬場　2018（平成30）年4月6日

新2000系では車体各所に腐食対策を施しており、これは小田急8000形も同様の設計がなされていた。また製造時期により3種類のタイプに分けることができ、前面貫通扉の窓の大きさや側面扉窓や戸袋窓の大きさや形に変化がある。当初は新宿線系統のみであったが、1990年からはラッシュ時の乗降時分短縮のため、池袋線系統にも投入され同線の久々の4扉車となった。◎南入曽信号場〜新所沢　2012（平成24）年12月20日　撮影：武田雄司

2007年よりバリアフリー化と内装を30000系に合わせるリニューアル工事が実施された。施工車は前面窓下に車号標記の追加や側面社紋の撤去、戸袋窓の廃止、側面車号標記のプレート化などがなされた他、一部編成では屋根上の通風器の撤去もなされたが、機器更新などはなされなかった。◎武蔵関〜東伏見　2023（令和5）年3月28日

3000系

抵抗制御の101・301系が主力であった池袋線。その次期新造車として1983年に登場した3000系は、界磁チョッパ制御の省エネルギー車両として既に新宿線で運行されていた2000系の足回りに101系の車体を載せた車両となった。そのため4扉車ではなく3扉車として登場。西武鉄道で新製された最後の3扉車として8両編成9本が1987年まで製造された。
◎西武柳沢～東伏見　1994（平成6）年1月19日　撮影：諸河 久

製造から8両編成で活躍していた3000系であったが、一部編成は1990年代初頭に新宿線へと転属した。また2010年には池袋線所属の2編成の2両抜かれて6両化され、国分寺線に転属している。その後、3000系は8両編成、6両編成ともに2014年までに引退している。◎恋ヶ窪～羽根沢信号場　2013（平成25）年1月20日　撮影：武田雄司

準急　小手指

車体は新101系を基本にしているため、よく似ている3000系だが、細かい部分では違いも多い。例えば側面では、2連窓構造となった。前面形状では新101系ではあったセンタピラーが無くなったり、前面窓下にステンレス製の車号表示施した。また8両編成で併結を考慮しないことから、電気連結器は取り付けられていないなどだ。
◎小手指車両管理所　1990（平成2）年4月25日　撮影：諸河　久

沿線の大泉学園に住んでいた銀河鉄道999の作者である松本零士氏の思いと、アニメによる地域おこしを目指す練馬区、沿線の魅了向上を目論む西武鉄道の3者の意向の一致から2009年5月1日より3000系3011編成に「銀座鉄道999」ラッピング車両の運転が開始された。車内には直筆サインなどもあり、2014年12月まで運行された。
◎小手指〜西所沢　2014（平成26）年11月10日　撮影：近藤倫史

1979年にかつて西日本鉄道が保有していた野球球団を買収した西武グループ。2010年7月10日より3000系3015編成に埼玉西武ライオンズのラッピング電車「L-Train」の運行がはじまった。車体はチームカラーのレジェンド・ブルーベースにライオンズロゴの入ったもので、2013年12月まで運転された。
◎江古田　2011（平成23）年5月7日　撮影：武田雄司

4000系

西武秩父駅から秩父鉄道秩父線直通用として1988年に登場した4000系。車体はN2000系をベースに2扉クロスシート車としているが、足回りは廃車となった101系のものを流用している。また西武鉄道では初の半自動ドアボタンを搭載している。1992年までに4両編成12本が製造された。
◎小手指車両管理所
1988（昭和63）年11月11日
撮影：諸河 久

4000系では101系から続いてきた黄色い車体色ではなく、ホワイトベースに青・赤・緑を配したライオンズカラーとなった。また飯能～西武秩父のワンマン化に伴い、2002年から2003年にかけてワンマン化改造が行われた他、2004年頃からはパンタグラフのシングルアーム化がなされた。
◎高麗～武蔵横手
2005（平成17）年4月2日

2016年から運行を開始した「西武 旅するレストラン 52席の至福」は、西武鉄道100周年記念事業の一環として4009編成を大規模に改造した観光列車。列車の定員は52席で列車名の由来にもなっている。外装は荒川の水と四季をイメージしたデザインとなっており、4両それぞれ異なっている。また各車の車番は変わらないが、形式称号が52型となった。
◎東吾野～吾野
2016（平成28）年4月30日

6000系

営団有楽町線との直通運用として1992年に登場した6000系。省エネルギー化、メンテナンスフリーをコンセプトとし、ステンレス車でVVVFインバータ制御となった。1998年までに10両編成25本が製造された。１次車の２編成は先行試作車として製造され、他の量産車と相違点が多い。ATCが搭載されなかったので地下鉄へ入線できず、現在は専ら新宿線系統で運用されている。◎田無〜西武柳沢　2007（平成19）年10月7日

２次車以降は量産車として登場し、1994年の西武有楽町線練馬暫定開業からようやく３次車の一部が地下鉄への乗り入れをはじめた。また6000系の車体は西武初の軽量ステンレス構造で、車体帯は従来のレモンイエローから青と白のライオンズカラーへと変更された。前面はFRP製で左右非対称となっており地下鉄直通のため貫通扉が設置されている。◎飯能〜元加治　2007（平成19）年12月31日

1996年製造の５次車からは製造メーカーが日立へ変更された。車体はアルミ製へとマイナーチェンジされ、ステンレス製の車両と区別するため50番代となった。アルミ製ではあるが、メンテナンス性やステンレス車とのデザインイメージに考慮して車体にはグレーの塗装がなされている他、側面のブルー帯の幅と位置が変更されている。
◎所沢〜秋津　1999（平成11）年３月２日　撮影：諸河久フォト・オフィス

1998年製造の６次車からは更なる軽量化とコストダウンのため、戸袋窓がなくなった。また台車もモノリンク構造のSS-150形とSS-050形に変更され、サイドビューの印象が大きく変わっている。この他にも前面上部にあった急行灯が廃止されるなど変化が多い。◎ひばりヶ丘〜保谷　2007（平成19）年10月７日

2008年の地下鉄副都心線開業を前に2006年から1次車を除く6000系に運転台のT字ワンハンドル化、ATO搭載やワンマン化対応などの副都心線対応工事が行われた。工事施工車は識別のため、前面塗装がこれまでの銀色から白色に変更され、車両の印象が大きく変わった。
◎西所沢〜所沢
2012（平成24）年10月5日
撮影：近藤倫史

2015年に前身の武蔵野鉄道が開業100周年を迎えることから、6057編成に西武鉄道でお馴染みのレモンイエローの塗装を再現した「黄色い6000系」ラッピングが行われた。デザインは前面が3000系、側面は2000系をイメージしたものが施された。2016年4月まで運行された。
◎西所沢
2015（平成27）年9月15日

2023年10月から西武有楽町線の小竹向原〜新桜台間の開通40周年を記念して6017編成に、開業当時走行していた営団7000系をイメージした黄色の帯を車体にラッピングした。約1年間の運行を予定している。
◎秋津〜所沢
2023（令和5）年10月23日

9000系

老朽化した101系の車体更新車として1993年に登場した9000系。車体は4扉車の新2000系ベースで、足回りは101系のものを流用した。そのため既に界磁チョッパ車やVVVFインバータ車が出ているが抵抗制御車であった。西武鉄道で製造された今のところ最後の黄色い電車として1999年までに10両編成8本が製造された。
◎上石神井車両管理所　1994（平成6）年1月19日　撮影：諸河 久

N2000系ベースの車体で、非常によく似ているが、前面貫通扉の靴ずりや手すりが黒色、電気連結器がないなど非常に細かな違いがある。また9003編成以降はスカート開口部が小さくなっている。当初は6000系が池袋線に投入されていることもあって新宿線を中心に導入されていたが、途中から池袋線にも導入された。
◎富士見台～中村橋　1994（平成6）年4月21日　撮影：諸河久フォト・オフィス

9000系はその見た目に反して抵抗制御車であったため、2003年からVVVFインバータ制御への改造が行われた。改造された車両には省エネを表す地球が描かれたステッカーが貼られた他、運転助手席窓下に車号の記載がなされた。またパンタグラフのシングルアーム化も行われている。◎所沢〜秋津　2014（平成26）年9月19日

2014年5月に京浜急行電鉄で「KEIKYU YELLOW HAPPY TRAIN」の運行を開始。色味から西武鉄道の車両に似ていることから京急よりコラボレーション企画を持ち込まれ、同年7月より9000系9103編成を京急の赤とアイボリーに塗り「RED LUCKY TRAIN」として運行を開始した。この際に戸袋窓は塗りつぶされている。2020年まで運行された。
◎東長崎〜椎名町　2014（平成26）年9月29日　撮影：近藤倫史

2016年6月から西東京市出身の歌手 きゃりーぱみゅぱみゅ氏のデビュー5周年を記念して、9000系1編成をピンク色に塗りラッピングを施し「SEIBU KPP TRAIN」として運行を開始した。ラッピング自体は同年9月末までで終了したが、その後はピンク色の車体で2018年まで運行された。
◎池袋〜椎名町
2016（平成28）年10月10日

2013年末に引退した3000系初代「L-train」の後任として2016年1月より9000系9108編成にチームカラーであるレジェンド・ブルー塗装とラッピングを施して、2代目「L-train」として運転を開始した。2019年まで運行された。
◎秋津〜所沢
2017（平成29）年12月11日
撮影：近藤倫史

多摩湖線国分寺駅ホームドア設置により同線で4扉車の運転を行うため4両短縮・ワンマン改造が2020年より行われ、5編成が改造された。この中には「L-train」などの塗色変更車も含まれており、それぞれレジェンドブルーや赤1色に塗り直されている。
◎2021（令和3）年4月18日

20000系

「シンプル＆クリーン」をコンセプトに2000年に運用を開始した20000系。101系の置き換えを目的に8両編成と10両編成合わせて16本が製造された。地下鉄に入らないことから前面は非貫通構造で、大型の1枚ガラスが印象的なデザインとなっている。新宿線と池袋線の両線で運用されている。
◎田無〜西武柳沢
2007（平成19）年10月7日

9000系の2代目「L-train」の後継として2018年1月より20000系2000 4編成と20005編成にチームカラーであるレジェンド・ブルー塗装とラッピングを施した3代目「L-train」の運行を開始した。今回からは2編成体制とし、新宿線と池袋線それぞれで運転されている。
◎武蔵関〜東伏見
2023（令和5）年3月28日

3000系で運行され2014年に引退した「銀河鉄道999」ラッピング。2016年10月に松本零士氏が20000系20058編成へ新たにデザインを書き下ろし登場した2代目「銀河鉄道999デザイン電車」。池袋線を中心に2019年3月まで運行された。
◎秋津〜所沢
2017（平成29）年12月11日
撮影：近藤倫史

30000系

2008年4月から運用をはじめた30000系は「Smile Train ～人にやさしく、みんなの笑顔をつくりだす車両～」をコンセプトに2・8・10両編成30本が製造された。「スマイルトレイン」という愛称で、先頭車の前面形状は"たまご"をイメージしたやさしいデザインとなっており、車内の吊り革や座席の袖仕切り、貫通扉などにも"たまご"を意識した意匠が散りばめられている。◎小平～花小金井　2012(平成24)年12月13日　撮影：近藤倫史

「新しい西武鉄道のシンボル」としてはじまった30000系プロジェクトには専門外の部署の女性も参加し、これまでの車両とは大きく印象が変わったものとなり、鉄道車両としては初のキッズデザイン賞を受賞している。また西武鉄道の通勤車両としては初の幅広車体を採用し、池袋線と新宿線の主力車両として活躍している。
◎秋津～所沢　2012(平成24)年9月24日　撮影：近藤倫史

40000系

地下鉄直通の有料座席指定列車「S-train」用の車両として西武鉄道初のデュアルシートを装備した40000系0番代車は10両編成6本が製造された。30000系の後継車両という位置付けで、池袋・西武新宿方の10号車にはパートナーゾーンと呼ばれるベビーカーや車椅子利用客を意識した通常の座席がない空間がある。2017年3月より「S-train」、2018年3月から「拝島ライナー」として活躍している。◎北飯能信号場〜武蔵丘信号場　2019（令和元）年11月9日

デュアルシート車の増備がひと段落した後、2019年からは車内をロングシートとした50番代が登場した。車内はより30000系に近い形となっており、0番代と異なりトイレの設置はないが、10号車のパートナーゾーンは50番代車でも設置されている。外観はあまり変わらないため、先頭車の前面窓には0番代と50番代を識別するためのステッカーが貼られている。◎所沢〜秋津　2020（令和2）年3月1日

E31形電気機関車

老朽化した輸入電気機関車の置き換えとして1986年に登場したE31形。西武鉄道としては2代目のE31形でB-B配置の4軸機関車。E31〜E34までの4両が製造された。車体はE851形を小型化したような外観となり、台車は国鉄80系の廃車発生品であるDT20Aが使われている他、主電動機も電車用のものをチューンしている。
◎東村山〜所沢　1990（平成2）年3月20日　撮影：諸河 久

E31形は主に重連やプッシュプルで、工事臨時列車や甲種輸送されてきた車両の牽引などを行っていたが、貨物列車の運用に入ることもあった。2008年にオールM車に改造された新101系や新型モーターカーの登場により2010年3月に全車引退した。これにより西武鉄道から電気機関車が全ていなくなった。E31は横瀬で保存され、他の3両は大井川鐵道に譲渡、2017年より営業運行に就いている。◎芦ヶ久保〜横瀬　2008（平成20）年6月23日

E851形電気機関車

西武秩父線の開業に合わせて1000 t 貨物列車を牽引できる機関車として1969年に登場したE851形。久々の新製電気機関車で、私鉄としても初のF級電気機関車となった。運転整備重量96tで日本の私鉄最大の電気機関車でもある。国鉄のEF65形とEF81形をベースに開発がなされ、台車はEF81形と同じ。この2つの形式を合わせてE851形となったといわれている。◎東吾野〜吾野　1980（昭和55）年5月7日　撮影：諸河 久

車体はEF65形によく似ているが、前面窓と一体的なデザインとなった運転室側面窓や丸窓が印象的な機械室窓の他、車体色はスカーレッドとアイボリーの2色で、国鉄機をベースとしながらもE851形の独自性が随所に施されている。4両が製造され、1996年に西武鉄道の貨物列車が廃止されるまで運用された。またさよなら運転の際にJR東日本から12系客車を借り入れ、所沢〜横瀬間で最初で最後の客車列車の牽引を行った。現在はE854が横瀬で保存されている。
◎稲荷山公園〜武蔵藤沢　1990（平成2）年4月25日　撮影：諸河 久

古典輸入電気機関車

E11形は1923年に武蔵野鉄道池袋〜所沢電化時に製造したデキカ10形電気機関車で、3両がアメリカのウェスティング
ハウスとボールドウィンで製造された。合併後の西武鉄道を通しても初の電気機関車であった。池袋線を中心に貨物
列車を牽引していたが、多摩川線で運用されていた時期もある。1960年代には2両が弘南鉄道や越後交通に譲渡され、
西武に唯一残ったE12は1973年に引退し、保谷で保存されている。
◎小手指検車区　1969（昭和44）年3月16日　撮影：諸河 久

E41形は1926年〜1929年にかけて青梅電気鉄道がイギリスのイングリッシュ・エレクトリックに発注し、輸入した電
気機関車で、1926年製が1号形、それ以外が2号形として導入された。国有化時に1010形となり、2両が1948年と1950
年に西武鉄道へ。残りの2両はED36形と改称されるが、こちらも1960年に西武鉄道へ譲渡された。西武鉄道では41形
41〜44号機となり、1961年にE41形E41〜E44号機へと改番された。4両のうちE41とE42は青梅電気鉄道時代にパ
ンタグラフを中央に1基の搭載に変更されている。主に池袋線の軽量貨物列車で使用され、1987年までに廃車となった。
現在はE43が横瀬で保存されている。◎秋津　1977（昭和52）年3月12日　撮影：諸河 久

E51形は鉄道省が1924年にスイスのブラウン・ボベリに発注した輸入電気機関車1020形→ED12形。1950年に西武鉄道
へ譲渡され51形51号・52号とされたが、1961年にE51形E51・E52号となった。自重56.4 t とパワーもあり、池袋、新宿、
国分寺線で貨物列車などを牽引した。またE851形の代走をすることもあった。1987年までに廃車となり、E52が横瀬
にて保存されている。◎西所沢～小手指　1974（昭和49）年 1 月22日　撮影：諸河 久

3章 譲渡車両編

現在、三岐鉄道三岐線の主力旅客車両は1992年以降、全車両が西武鉄道からの譲渡車両で賄われており、車両も元501系、元451系、元571系、元401系、元701系、元新101系と多岐に渡っている。現在は元401系の101系、元701系の801系と851系、元新101系の751系が活躍しており、車庫のある保々駅ではかつての上石神井や南入曽を彷彿とさせる並びを見ることができる。
◎三岐鉄道 保々車両区 2021（令和3）年12月22日

上信電鉄

1980年から1985年にかけて451系2両編成4本が上信電鉄へ譲渡され、同社の100形となった。最初の3編成は台車を501系のものに履き替え、片方の車両は付随車化改造されている。写真は4編成目で、事故廃車になった100形の代替車として入線した車両。西武線内に最後まで残っていた451系で、高崎方先頭車は元601系のクハ1651形となっており前面形状が他の100形と異なっていた。導入当初から新車の繋ぎとして位置付けられており、後述の150形導入によって引退した。◎西山名～山名　1987（昭和62）年1月24日　撮影：諸河 久

上信電鉄150形は100形の置き換え用として1992年から1996年にかけて西武鉄道から2両編成3本を導入した。編成ごとに401系、701系、801系と3種類の形式が譲渡されている。元401系以外の2編成は中間車ユニットに先頭車の運転台を取り付ける改造がなされた。2019年に全車引退した。◎高崎　2018（平成30）年4月18日

弘南鉄道

弘南鉄道弘南線でラッセル用機関車として活躍するＥ33形は元西武鉄道E11形13号。Ｅ11形唯一の現役機関車で、元々は貨物列車牽引用として1961年10月に譲渡された。また大鰐線同様に活躍するED22形も一時期、西武鉄道や西武グループの近江鉄道に在籍していた機関車である。◎黒石

秩父鉄道

西武秩父線と直通運転をしている秩父鉄道は2005・2006年に新101系４両編成３本を譲り受けた。３両編成化や２扉化、クロスシート化などの改造がなされ6000系となった。これによりJRの165系から改造した3000系を置き換えて急行「秩父路」で運用されている。また譲渡された新101系は全編成が秩父鉄道乗り入れ対応車であった。
◎長瀞～上長瀞　2009（平成21）年４月７日

総武流山鉄道（現・流鉄）

1979年から1987年にかけて2代目501系を3両編成4本と551系2両編成2本が総武流山鉄道へ譲渡され、同社1200形となった。同社初の20m車で、かつて西武などから譲渡された半鋼製車を置き換え主力車両として活躍した。またこの形式から「流星」「若葉」「あかぎ」などお馴染みの車両愛称や編成ごとに異なる車体塗色が施された。2000形や後述の3000形が譲渡されてきたことで、2001年までに引退した。◎鰭ヶ崎〜平和台　1986（昭和61）年8月16日　撮影：諸河　久

1999年から2000年にかけて101系3両編成2本が総武流山鉄道に譲渡され、同社3000形となった。先に譲渡されていた元701系・801系の2000形と合わせて元501系・551系である1200・1300形を置き換えた。3000形は「流星」「若葉」と名付けられ、2000形と同様の塗り分けで活躍したが、2009年に同じく譲渡されてきた元　新101系の5000形によって2011年までに引退した。また写真の「若葉」は所沢車両工場で改造された最後の譲渡車両であった。◎流山

伊豆箱根鉄道

西武鉄道の子会社である伊豆箱根鉄道は1975年に2代目501系を1000系として譲り受けた。既に1000系は自社発注車として3両編成4本が在籍していたが、駿豆線の20m車化を進めるべく譲渡車が導入された。4両編成から中間の付随車を1両外した3両編成で運用された。自社発注車は西武701系の足回りに更新するなどして遅くまで残ったが、譲渡車は1990年までに引退した。◎大場工場　1981（昭和56）年9月20日

2008年から2009年にかけて新101系4両編成1本と2両編成1本が伊豆箱根鉄道へ譲渡され、3両編成2本に改造し1300系として登場した。1100系と同じくライオンズブルーと白の車体色となっている。また2017年に伊豆箱根鉄道の創立と多摩川線開業が共に100周年を迎えることから、コラボレーション企画として1300系の種車である西武鉄道の新101系に同様の塗装を施し、多摩川線などを走行している。◎大場〜三島二日町　2023（令和5）年1月1日

2代目501系である伊豆箱根鉄道1000系を置き換えるべく、1989年から1990年にかけて701系4両編成3本が譲渡された。3両編成への短縮改造は西武所沢車両工場ではなく大場工場で実施され、1100系が登場した。車体色は同時期に増備されていた自社発注車の3000系と同じライオンズブルーと白で塗られていた。2008年に導入された元 新101系である1300系に置き換えられ、2012年までに引退した。◎三島二日町〜大場　1990（平成2）年3月16日　撮影：諸河 久

大井川鐵道

1977年から1980年にかけて、初代501系である351系を３両編成１本と２両編成１本を大井川鉄道へ譲渡し、同社312系となった。譲渡の際に、２扉化やシートを5000系レッドアローの物に変更するなどの改造がなされた。３両編成は運用の都合上、不便なため、早々に中間車を抜き取り２両編成で運用された。
◎駿河徳山　1982（昭和57）年10月31日　撮影：諸河 久

1982年に昭和末期の展望客車ブームに先駆けて登場したスイテ82形。この客車、ただの客車ではない。電車からの改造なのだ。元々は西武鉄道2代目501系サハ1515号車で、1978年に大井川鉄道へ譲渡されたもの。そのため台車は電車で使われるTR-11を履いている。また写真の客車4両のうち、青い車両だけが本来の客車で、台車や車体などが他の3両とは異なっていることがわかる。奥の2両はお座敷客車ナロ80形で、1980年に501系サハ1516号車を改造したナロ801と1986年に前述の312系で余剰となった中間車を改造したナロ802だ。◎新金谷　2013（平成25）年1月2日

三岐鉄道には多くの車両が西武鉄道から譲渡されている。写真は601系で、自社発注車のモハ120形などを置き換えるため1981年から1982年にかけて451系2両編成3本が譲渡された。改造は車体塗色と前照灯が四角形のケースに入ったものに変更された程度だったが、のちに台車が変更された。1992年以降、元401系の101系や元701系の801・851系に置き換えられ元451系だった601系は1997年までに引退した。また同じ601系には571系唯一の譲渡車両も1編成在籍していた。◎暁学園前～山城　1990（平成2）年4月24日　撮影：諸河 久

三岐鉄道

近江鉄道

西武鉄道のグループ会社である近江鉄道には数多くの車両が譲渡されている。写真左側は元401系を改造した821系で、同じ元401系ベースでも前面を220系と似た形状に変えた801系も在籍する。写真右側は元新101系を改造した900形だ。その他にも近江鉄道には元3000系を改造した300形や新101・301系を改造した100形も運用されている。
◎八日市　2015（平成27）年6月21日

1998年に近江鉄道開業100年を記念して元401系を大幅に改造して登場した701系「あかね号」。特徴的な"くの字"をした前面形状や大きな前面窓、側面の連続窓などが印象的であるが、よくみると401系の面影も残っている。車内はアコモ更新時に余剰となったJR185系の転換クロスシートを固定化したものだった。老朽化のため2019年に惜しまれつつ引退した。◎五箇荘〜愛知川　2013（平成25）年7月21日

富山地方鉄道

1995・1996年に5000系5501編成と5507編成のそれぞれ3両が富山地方鉄道へ譲渡され、16010形となった。5000系は廃車時に台車などの主要機器を10000系に転用していたため、車体のみの購入で、台車や主電動機といった主要機器にはJR九州485系のものが、ブレーキ装置は営団3000系などと様々な車両の機器を用いて改造された。当初は2編成とも3両編成であったが、現在では第1編成が2両、第2編成がは3両編成となっている。◎寺田　2007（平成19）年5月12日

富山地方鉄道20020系は廃車となった10000系を譲り受けた車両で、2022年より運転を開始した。譲渡されたのは10102編成1両と10106編成3両で、3両編成に改造された。種車の10106編成は先に富山地鉄に譲渡されている5000系の足回りを転用している車両で、ようやく同じ地に5000系の車体と足回りが揃った。◎稲荷町　2023（令和5）年7月28日

一畑電気鉄道（現・一畑電車）

一畑電気鉄道には1960年頃に西武鉄道から17m半鋼製車が譲渡されていたが、国体輸送で車両近代化をすべく1982年に元451系2両編成3本が80系として譲渡された。それに続く車両として1985・1986年に元551系が今度は90系として譲渡された。この90系のうち最後に導入された2両はクモハ551形の妻面側に別のクモハ551形の前頭部を接合した両運転台車で、譲渡後にデハ60形と改番された。所属車両の大半がカルダン制御車に置き換えられた後も予備車として残っていたが、2006年に引退した。これにより一畑から西武鉄道の譲渡車はいなくなった。
◎美談～旅伏　1987（昭和62）年5月29日　撮影：諸河　久

【解説者プロフィール】
山内ひろき（やまのうちひろき）
東京都生まれ。近所に貨物駅などがあり鉄道に多く触れ合う環境で育ってしまい根っから
の鉄道好きとなった。現在は会社員の傍ら、鉄道関係書籍などの原稿を執筆している。

【写真提供】
諸河久フォト・オフィス、佐藤次生、近藤倫史、武田雄司、PIXTA

【参考文献】
鉄道ピクトリアル（電気車研究会）
鉄道ファン（交友社）
交通新聞（交通新聞社）
地下鉄有楽町線建設史（帝都高速度交通営団）
読むらじる（NHK）
私鉄の車両 西武鉄道（保育社）
私鉄の車両 大井川鉄道（保育社）
西武鉄道ホームページ
西武鉄道プレスリリース

西武鉄道
1980～2000年代の記録

発行日 ·················· 2024年1月3日　第1刷　　※定価はカバーに表示してあります。

解説 ····················· 山内ひろき
発行人 ··················· 高山和彦
発行所 ··················· 株式会社フォト・パブリッシング
　　　　　　　　　　〒161-0032　東京都新宿区中落合2-12-26
　　　　　　　　　　TEL.03-6914-0121 FAX.03-5955-8101
発売元 ··················· 株式会社メディアパル（共同出版者・流通責任者）
　　　　　　　　　　〒162-8710　東京都新宿区東五軒町6-24
　　　　　　　　　　TEL.03-5261-1171 FAX.03-3235-4645
デザイン・DTP ········· 菅沼俊弘、柏倉栄治
印刷所 ··················· 株式会社シナノパブリッシングプレス

ISBN978-4-8021-3430-9 C0026

本書の内容についてのお問い合わせは、上記の発行元（フォト・パブリッシング）編集部宛ての
Eメール（henshuubu@photo-pub.co.jp）または郵送・ファックスによる書面にてお願いいたします。